OOSTAKKER-LÈS-GAND

PÈLERINAGE

en l'honneur de Notre-Dame de Lourdes

GUÉRISON

de Pierre DE RUDDER·
LE SCEAU NOTARIAL — LE DÉFI

GUÉRISON
de Madame NEVEJAN-BAERT
LES MÉDECINS — LA PRIÈRE DE L'ENFANT

Prix : 15 centimes
13 exemplaires pour 10, et envoi franco.
(Au profit d'une bonne œuvre.)

Se trouve chez M. le Curé de Saint-Laurent, à Bayeux,
et dans plusieurs Librairies catholiques.

BAYEUX
IMPRIMERIE OCTAVE PAYAN
1883

OUVRAGES SUR LE PÈLERINAGE DU LAUS

PRÈS GAP (HAUTES-ALPES)

Annales de Notre-Dame du Laus.	3 fr. »» c.
Les merveilles du Laus, par l'abbé Pron . .	2 »»
Abrégé de ce dernier ouvrage	1 » »
Histoire de N.-D. du Laus, par le P. Maurel.	» 75
Guide du Pèlerin au Laus	» 60 .
Etc.	

S'adresser à M. le Supérieur des Missionnaires du Laus, pour se procurer les ouvrages que l'on désirerait.

On trouve encore chez MM. les Missionnaires du Laus, et chez l'imprimeur de l'Evêché, une œuvre capitale sur le sujet :

Le sanctuaire du Laus et la Vénérable Sœur Benoite. — Lettre pastorale de Mgr Guilbert, évêque de Gap.

A la suite du Mandement, est publié le décret d'introduction de la cause de la Vénérable servante de Dieu, en date du 7 septembre 1871.

PÈLERINAGE

en l'honneur de Notre-Dame de Lourdes

GUÉRISON

do Pierre DE RUDDER

LE SCEAU NOTARIAL — LE DÉFI

GUÉRISON

de Madame NEVEJAN-BAERT

LES MÉDECINS — LA PRIÈRE DE L'ENFANT

Prix : 15 centimes

13 exemplaires pour 10, et envoi franco.

(Au profit d'une bonne œuvre.)

*Se trouve chez M. le Curé de Saint-Laurent, à Bayeux,
et dans plusieurs Librairies catholiques.*

BAYEUX

IMPRIMERIE OCTAVE PAYAN

1883

DÉCLARATION DE L'AUTEUR

Conformément au décret du Pape Urbain VIII, je déclare no donner aux faits et à l'appréciation des faits dont il est question dans cet opuscule, qu'une autorité purement humaine, et je fais réserve de tous les droits de la Sainte-Eglise à laquelle je suis et veux toujours demeurer pleinement soumis.

G. LE COUVREUR,

ch. hon., Curé de Saint-Laurent,
à Bayeux (Calvados).

ORIGINE DU PÈLERINAGE

DE

NOTRE-DAME DE LOURDES

A OOSTAKKER-LÈS-GAND

Le pèlerinage d'Oostakker, à une lieue de Gand (Belgique), doit son origine à l'idée conçue en 1870, par Madame la marquise de Courtebourne, de construire, dans le parc de son château de Slootendriesch, hameau de cette commune, un aquarium sous la forme de grotte ;

A l'idée que lui suggéra M. le Curé de la paroisse, de placer au-dessus de cette grotte une statue de Notre-Dame de Lourdes ;

Et enfin (car tout cela ne serait rien d'ailleurs) à la bonté de la Très-Sainte Vierge. Après la bénédiction de son image, faite solennellement le jour de la fête de Saint-Pierre, 29 juin 1873, devant 2,000 paroissiens au moins, elle se mit à manifester sa puissance miséricordieuse en obtenant des grâces signalées à plusieurs de ceux qui, avec l'autorisation de Madame la marquise de Courtebourne, vinrent l'invoquer en ce lieu.

Mais bientôt la bonne Marquise fut débordée. Aux visites de particuliers, de petits groupes, s'ajoutèrent des visites par corporations, des processions et plus que cela.

Dans une occasion, un pèlerinage dont on évalue le nombre à 20,000 hommes, vint à la grotte d'Oostakker. C'était le 17 mai 1876.

Colère des libres-penseurs ! qui, en raison de leur devise : Liberté, Egalité, Fraternité,..... et de leur respect pour les croyances de chacun , attaquèrent les pèlerins au retour , lorsque , par prudence cependant, divisés en groupe, et sans étendards, ceux-ci traversèrent la ville de Gand. Un homme fut tué. Le nombre des blessés ou contusionnés monta à 4,000. Parmi eux, 180 ont été incapables, pendant 40 jours au moins, de s'adonner à leurs occupations habituelles. Et cependant 19 de leurs agresseurs, à peine, ont pu être assignés à comparaître devant le tribunal de la police correctionnelle et être condamnés à quelques jours de prison ou à une amende assez réduite ! Mais revenons à ce qui fait l'objet de cette publication.

Avec le temps, et il n'en fallut pas beaucoup, Madame la marquise de Courtebourne, sans violence et de son plein consentement, a été expulsée d'une partie notable de son parc de Slootendriesch par la T.-S. Vierge, qui la lui fera rendre d'ailleurs sous une autre forme..... au jour du jugement.

Depuis quelques années déjà, il y a près de la grotte, ancien aquarium , une magnifique église , avec deux clochers surmontés de flèches élégantes, une résidence pour des chapelains qui appartiennent à la Compagnie de Jésus, et une belle hôtellerie pour les pèlerins. En outre , autant que de besoin, un service de voitures fait plusieurs fois par jour le trajet de Gand à Oostakker, qui est devenu comme une succursale de notre célèbre pèlerinage français, Notre-Dame de Lourdes dans les Pyrénées.

On ne s'étonnera pas de la préférence donnée aux Jésuites pour desservir le pèlerinage, quand on saura qu'un fils de la marquise, le R. P. Victor de Courtebourne, appartenait à leur Société. Il est mort recteur du collége de Tournai , le 1er juillet 1873, presque au lendemain du jour où fut bénite la statue de la grotte.

Grâce au zèle des chapelains et à la générosité des fidèles,

l'église a été splendidement décorée et est devenue un vrai
bijou.

De plus, sept chapelles construites autour de la grotte, en
l'honneur de Notre-Dame des Sept Douleurs, fourniront aux
pèlerins l'occasion de méditer sur les souffrances de la Mère
de Dieu et d'apprendre par son exemple à souffrir d'une manière méritoire.

Les pèlerinages en commun sont toujours très-fréquents.
Ceux qui se font par des particuliers augmentent de jour en
jour et se chiffrent par mille les dimanches et les fêtes.

C'est en grand nombre que des guérisons merveilleuses ont
été opérées à Oostakker. Dans son ouvrage en français,
imprimé pour la première fois en 1876, et si intéressant :
Lourdes en Flandre (1), M. l'abbé Emile Scheerlinck, histo-
rien du pèlerinage, en constatait déjà vingt-quatre. Comme
la puissance de Dieu et la bonté compatissante de la Très-
Sainte Vierge n'ont pas diminué depuis lors, plusieurs guérisons nouvelles, éclatantes, ont été consignées, soit dans la
Semaine religieuse de Gand, soit dans une nouvelle édition
en flamand de l'ouvrage précité. Car le flamand est la langue
maternelle de M. l'abbé Scheerlinck et celle dans laquelle il
a d'abord écrit sur son sujet.

Parmi les guérisons racontées dans la première édition en
français, nous en choisissons deux, et, avec la permission de
l'auteur, nous en reproduisons le récit, littéralement extrait
de son livre. La première de ces guérisons, celle de Pierre
De Rudder, de Jabbeke, diocèse de Bruges, est peut-être la
plus frappante de toutes celles qui sont dues à l'intercession de Notre-Dame de Lourdes. Par sa nature, et ap-

(1) *Lourdes en Flandre....* Gand, Société de Saint-Charles Borro-
mée, rue Saint-Georges, 17. — 1876.

puyée de preuves comme elle l'est, elle est plus indiscutable que la résurrection d'un mort. La seconde de ces guérisons, celle de Madame Nevejan-Baert, de Thourout, même diocèse, aussi parfaitement certaine, est des plus touchantes par les circonstances qui l'ont accompagnée.

L'approbation de son Eminence le cardinal Dechamps, archevêque de Malines, celles de NN. SS. les Evêques de Gand et de Bruges, viennent confirmer les faits racontés par M. l'abbé Scheerlinck. Mgr l'Evêque de Bruges en particulier s'exprime ainsi en s'adressant à l'auteur :

..... « J'ai remarqué l'exactitude que vous mettez dans le récit des guérisons obtenues par quatre de mes diocésains à la grotte d'Oostakker ..... »

Cette dernière approbation est datée du 21 septembre 1875, et donne la plus grande autorité aux récits qui vont suivre. Les deux autres personnes du diocèse de Bruges dont Mgr vise la guérison, sont Thérèse Sanders et Marie Van Cutsem.

GUÉRISON

DE

PIERRE DE RUDDER.

—

L'admirable guérison que nous allons raconter a été obtenue par un homme, un ouvrier, dont des milliers de personnes connaissaient l'état désespéré, et l'indigence extrême à laquelle l'avait réduit sa maladie.

« Pierre de Rudder naquit à Jabbeke (Flandre occidentale), le 2 juillet 1822, et épousa Colette Van de Walle, d'Eernegem. Ce mariage fut béni par la naissance de plusieurs enfants, dont deux seulement sont encore en vie: Sylvie, âgée de quinze ans, et Auguste qui n'en a que trois (1). Pierre de Rudder fut cruellement éprouvé dès son enfance : à neuf ans, une voiture lui passa sur le corps. Mais un plus grand malheur l'atteignit le 16 février 1867. Il était alors à Jabbeke, au service du vicomte Albéric du Bus de Gisignies, sénateur de l'arrondissement Furnes-Ostende. Au jour désigné, Pierre se rendant chez lui adressa la parole aux fils de Jean Knockaert, de Zerkegem, occupés à abattre des arbres. Tout à coup, un arbre tombe sur un autre ; la jambe droite de Pierre est prise entre les deux arbres et cruellement mutilée : l'os de la jambe était fracturé à 9 centimètres au-dessous du genou. C'est dans ce pitoyable état que le pauvre ouvrier fut transporté dans sa maison auprès de sa femme, que le Vicaire, M. De Coninck, avait déjà prévenue du triste accident.

Le médecin d'Oudenberg, M. Affenaer, donna les premiers soins à Pierre ; il remit la jambe et l'entoura d'un appareil. Cinq semaines après, une large plaie se manifesta au pied et menaça la jambe de gangrène. M. Affenaer déclara qu'il n'y avait pas moyen de guérir De Rudder.

On recourut au docteur Jacques, de Bruges, et celui-ci déclara également la plaie incurable ; M. Verriest, autre médecin de Bruges, usa de toutes les ressources sans obtenir de meilleur résultat.

Cependant, De Rudder souffrait des douleurs atroces. Sa jambe avait été éclissée deux fois, deux fois elle dut être étirée par les efforts réunis de trois hommes ; malgré ces remèdes extrêmes le mal ne diminuait pas ; le pauvre ouvrier dut garder le lit pendant une année, au milieu des plus vives souffrances causées par les efforts des chirurgiens. Trois

(1) Le temps a marché : il faut ajouter à l'âge des enfants les années écoulées depuis 1870, époque où parut l'ouvrage de M. l'abbé Scheerlinck. Depuis lors aussi, la famille de Pierre De Rudder s'est accrue.

autres médecins (ceux de Stalhille, de Varsenare et un chirur-
gien de Bruxelles), prodiguèrent leurs soins et leurs connais-
sances à cet humble ouvrier, unique soutien de sa famille ;
mais hélas ! tous les trois durent avouer qu'humainement par-
lant Pierre De Rudder était inguérissable.

Cet état durait depuis deux ans et demi, et la misère avait
pénétré dans la maison de l'ouvrier malade. Tout travail lui
était impossible, et cependant il devait pourvoir aux nécessi-
tés de son ménage. Mais Dieu, qui n'abandonne pas ses fidèles serviteurs, vint à son secours. M. le vicomte Albéric
du Bus visita un jour son ouvrier malade ; il fut ému de
compassion et pourvut aux besoins du ménage par des secours hebdomadaires. Le brave ouvrier pleurait de joie ; sa
femme et ses enfants ne seraient plus privés de pain. « Merci,
M. le vicomte, s'écria-t-il, je prierai pour vous, afin que vous
obteniez la grâce d'une bonne mort. » Cette promesse singu-
lière et inattendue frappa le vicomte, accoutumé à des com-
pliments moins étranges. Il revint souvent visiter le malade
et lui demanda à chaque fois s'il n'oubliait pas sa promesse.
Hélas ! l'impitoyable mort vint frapper le généreux bienfaiteur, le 24 juin 1874. Pierre se voyait de nouveau plongé
dans la misère ; il pleurait, mais c'étaient des larmes de
reconnaissance. « M. du Bus, disait Pierre, est bien mort ; il
a même reçu la sainte Eucharistie trois fois durant sa maladie. Que je suis content ! » Quel bel exemple de gratitude !
L'ouvrier chrétien oublie sa propre détresse et le sombre
avenir qui le menace, pour penser uniquement à son bienfaiteur.

De Rudder avait été très-pieux depuis sa jeunesse, et très-
dévot à la sainte Vierge ; cette dévotion ne fit que s'accroître
pendant sa maladie. Alors il se rappela plus que jamais que
Marie est la Consolatrice des affligés. Etendu sur son lit de

douleur, il passait presque tout son temps à l'invoquer. Du matin au soir, il égrenait son chapelet et aimait à offrir à Marie les marques de son amour. Quand il lui arrivait de pouvoir, appuyé sur ses béquilles, se traîner jusqu'à l'église, il allait devant l'autel de Marie pour l'invoquer avec une ferveur infatigable.

De Rudder nourrissait la profonde conviction que la sainte Vierge le guérirait. Lorsque nous l'interrogeâmes afin de pouvoir rédiger cette relation, nous lui demandâmes pourquoi il ne s'était pas adressé plus tôt à Marie ; le brave ouvrier nous répondit les larmes aux yeux : « J'ai voulu aller souvent à Hal et à Dadizeele pour invoquer la sainte Vierge ; mais mon bienfaiteur s'y opposait absolument et me disait : « Si vous osez aller en pèlerinage, c'est pour votre propre compte ; dorénavant je ne m'occuperai plus de vous. Vous avez déjà eu six médecins ; ils n'ont pu rien faire, comment voulez-vous qu'un pèlerinage vous guérisse ? » Et le pauvre ouvrier comprimait dans son cœur l'expansion de sa confiance en Marie par amour pour sa femme et ses enfants. Depuis la mort de son bienfaiteur, le désir de visiter un sanctuaire de Marie s'était réveillé dans son âme avec plus d'intensité que jamais. L'écho reconnaissant des guérisons opérées par N.-D. de Lourdes, à Oostakker, vint frapper ses oreilles : « Si je pouvais faire ce pèlerinage, disait-il en soupirant, il me semble que j'obtiendrais ma guérison de cette bonne Mère. » Mais le voyage était dispendieux et pour ainsi dire impossible dans l'état où il se trouvait. Sa jambe faisait mal à voir ; la partie inférieure ne tenait plus au reste, et se mouvait en tous sens, de manière qu'il pouvait tourner complètement le pied, ramener le talon en avant et sur la même ligne que le genou. Les parties fracturées du tibia étaient distantes de trois centimètres, traversaient la peau et montraient une plaie suppurante qui menaçait de se gangrener. Au-dessus du gros orteil, on constatait une autre plaie, d'où l'année précédente De Rudder avait tiré trois filaments ; il avait même percé le pied avec une grande aiguille pour s'assurer s'il s'y trouvait encore de la vie ; cette épreuve lui fit l'effet d'une piqûre de moucheron et fit couler seulement quelques gouttelettes de sang et d'eau.

Tel était l'état critique de De Rudder quand il se décida tout à coup à faire le pèlerinage d'Oostakker. Il se prépara à cette grande entreprise par une neuvaine. Tous les jours, il implora la protection de Marie en récitant vingt fois l'oraison dominicale et la salutation angélique ; pour obtenir plus facilement la délivrance de ses douleurs, Pierre honora la passion de notre divin Sauveur en répétant aussi à cette intention vingt fois le *Notre Père*.

La neuvaine était à son dernier jour, et Pierre se disposa, le 7 avril 1875, à se mettre en route vers le sanctuaire de Marie. Après avoir pansé sa plaie le mieux possible, il partit en compagnie de sa femme et se traîna péniblement à la station de Jabbeke, située à 2 kilomètres 1/2 de son habitation. Il mit trois heures à faire ce court trajet et arriva à la station vers sept heures du matin. Beaucoup de gens, qui le virent, essayèrent de le détourner de son projet en disant que le voyage était trop difficile et que probablement la sainte Vierge ne ferait pas un miracle pour lui. L'ouvrier, plein de confiance dans la puissance et la bonté de Marie, répondait invariablement : « Mon ami, je vais avec *pleine confiance* vers Marie, ma mère ; et je ne donnerais pas mon voyage d'Oostakker pour tout Jabbeke. » Le train qui doit l'emporter vers la Lourdes Flamande est là : trois hommes l'aident à y monter. Arrivé à Gand, le bon Pierre endura de nouvelles douleurs ; on dut le prendre du convoi pour le traîner au tramway et le porter de là dans l'omnibus faisant le service d'Oostakker. Enfin Pierre est arrivé au but tant désiré de son voyage ; mais il n'en pouvait plus ; le cahot de la voiture l'avait totalement épuisé. Après un repos de quelques instants, il s'avance en priant ; les pèlerins émus prient avec lui. Le malheureux s'assied devant le Calvaire et commence à prier avec plus de ferveur ; enfin, accompagné de sa femme, il arrive jusque devant la grotte et tombe épuisé sur le premier banc. Une soif terrible le dévore, sa femme va puiser un peu d'eau dans la fontaine. Un peu ranimé, Pierre reprend ses béquilles et se traîne péniblement trois fois autour de la grotte, pour faire comme les autres pèlerins. Il souffre horriblement ; il n'ose plus s'asseoir sur le premier banc, un pèlerin a heurté l'os malade et causé à Pierre d'intolérables douleurs ; il se repose sur le second banc, pendant que sa femme se prosterne à côté de la statue de Bernadette. Pierre prie avec plus d'ardeur, demande à Dieu pardon de ses péchés antérieurs et fixe ses yeux suppliants sur l'image de Marie, la conjurant de lui rendre la santé afin qu'il puisse, comme autrefois, travailler pour sa femme et ses enfants.

De Rudder priait encore, quand soudain il se sent troublé, il est comme hors de lui-même. Dans cet état, il se lève machinalement, et, sans le secours de ses béquilles (qui, depuis huit années et deux mois, lui étaient indispensables pour faire un pas), il marche entre les bancs et va se jeter à genoux devant l'image de Marie. Après quelques minutes d'une sorte d'extase, il revient à lui-même, et reconnaît à sa grande stupéfaction qu'il est *agenouillé*, lui qui depuis tant d'années était dans l'impossibilité de prendre cette position. « O mon Dieu ! s'écrie Pierre, où suis-je donc ? » Il cherche ses béquilles à droite, à gauche ; il ne les retrouve pas.....

« O Marie ! ajoute-t-il en levant les yeux, je suis devant votre image ! » puis, apercevant ses béquilles placées sur le second banc, Pierre se lève, les prend et vient les déposer à la grotte. Il était guéri ! sa femme était presque tombée en défaillance en voyant que Pierre marchait et paraissait guéri. Tous les pèlerins répandaient des larmes d'attendrissement et étaient ravis d'avoir vu un tel prodige accordé à cet homme de foi.

De Rudder fit trois fois le tour de la grotte en priant, pendant que sa femme, transportée de joie, lui criait toujours : « Pierre, es-tu donc guéri ? » mais lui ne parlait pas, absorbé dans un élan de reconnaissance envers sa céleste Bienfaitrice. Après avoir terminé son action de grâces, Pierre se rendit au château, où lui-même et tous les assistants constatèrent que la jambe était radicalement guérie. Les deux extrémités de l'os s'étaient rejointes instantanément, la plaie avait disparu, et l'on ne voyait pas la moindre trace de jointure ; une petite marque bleue montrait l'endroit de la jambe où l'os avait été fracturé. Pierre pouvait mouvoir parfaitement la jambe et les orteils, comme si jamais il n'y avait eu de mal.

Après ce premier examen au château, Pierre retourna à la grotte, en fit de nouveau trois fois le tour en priant, et se hâta de prendre place dans la voiture qui devait le ramener à la gare de Gand. On était étonné partout, on se pressait autour de Pierre pour le considérer.

A Jabbeke, tout le monde était impatient de revoir Pierre : les uns s'entêtaient dans l'idée qu'une guérison était impossible ; d'autres espéraient et étaient persuadés que la foi et la piété de l'ouvrier pouvaient obtenir un miracle. Qu'on s'imagine la stupeur et la joie des habitants quand, à l'arrêt du train, ils virent descendre leur compatriote plein de santé, marchant sans béquilles, et se rendant tranquillement vers sa demeure. Ils l'avaient connu si misérable, ils savaient que sa jambe comptait jusqu'à 12 plaies, et la veille encore, fête de l'Annonciation, ils l'avaient vu se traîner avec tant de peine jusqu'à l'église du village. Bientôt toute la population fut sur pied, chacun voulait voir et constater de ses yeux le prodige inouï qui venait de s'accomplir.

En brave chrétien, Pierre se rendit d'abord à l'église pour remercier l'Auteur de tout bien et se prosterner devant l'autel de Marie, sa puissante libératrice. Ensuite, il alla raconter en détail l'heureuse nouvelle à son vénérable et bien-aimé pasteur, M. Slock. Le bon curé était ému aux larmes en voyant que le Ciel avait accordé à une de ses ouailles cette éclatante faveur. De Rudder se rappela son bienfaiteur défunt. « Ah ! dit-il, mes prières ont sans doute contribué à obtenir une bonne mort et le paradis à cet excellent Monsieur du Bus: et maintenant, Monsieur le Curé, il est dans le Ciel, et par reconnaissance, il a aussi prié pour moi et s'est jeté aux pieds de Marie, la Reine des Cieux. »

De la cure, il se rendit au couvent (où il renouvela ses actions de grâces devant l'image de N.-D. de Lourdes), puis à la maison du vicaire, M. Aug. Rommelaere, chez quelques bienfaiteurs et enfin dans sa propre demeure. La nouvelle de la guérison avait déjà pénétré dans la pauvre cabane, et Sylvie, qui avait le matin allumé un cierge et prié presque tout le jour, attendait son père en pleurant et le félicita avec transport. Quant au petit Auguste, qui ne l'avait jamais vu marcher qu'avec des béquilles, il pouvait à peine reconnaître son père dans cet homme à la marche droite et leste. Les voisins accoururent pour savoir de l'heureux Pierre toutes les circonstances de sa guérison merveilleuse ; il répondait à toutes les questions sans se lasser. Il était assis à la même place où il avait traîné tant d'années de douleurs et de souffrances, et quand il voulut expliquer comment il était venu devant l'image de la Vierge immaculée de Lourdes, il se leva subitement. Alors, un cri d'effroi s'échappe de la poitrine du petit Auguste ; l'enfant s'imagine que son père va tomber : « Père, père, vos béquilles ! » Ce cri naïf de l'enfant est une évidente démonstration qu'il n'y a pas ici la moindre supercherie, et nous avons le droit de nous écrier avec le prophète : « O Seigneur, vous avez recueilli une louange parfaite sur les lèvres des petits enfants ! »

Cette admirable guérison fit grand émoi, surtout à Bruges; il s'y trouva des hommes qui, à défaut d'arguments pour réfuter le fait, eurent le triste courage de dire et d'écrire les mots de tromperie et fausseté. Ces amis de la lumière n'auront garde de venir constater le fait ; mais le docteur Affenaere, qui connaissait parfaitement le malade, voulut étudier par lui-même cette guérison étonnante. Il se rendit donc à la maison de Pierre ; sa première surprise fut de ne pas l'y trouver ; Pierre, revenant de l'église, était entré dans la maison d'un certain Charles Rosseel. Le médecin examina la jambe avec l'attention la plus scrupuleuse ; pendant cet examen, des larmes jaillirent de ses yeux, et il s'écria plein d'enthousiasme : « Pierre, vous êtes parfaitement guéri. Votre jambe est celle d'un enfant qui vient de naître, et non d'un homme qui a eu la jambe fracturée. Tous les moyens humains étaient impuissants à vous faire marcher ; mais ce que ne peuvent les médecins, Marie le peut.... D'incrédule, on deviendrait croyant, à voir de tels prodiges. »

Ces paroles textuelles du docteur sont le plus beau témoignage rendu à la puissance miséricordieuse de Marie.

La reconnaissance de Pierre envers la Sainte Vierge ne connut pas de mesure ; elle ne se borna pas à une neuvaine d'action de grâces, à laquelle se joignit tout le voisinage ;

souvent l'ouvrier revint à Oostakker visiter sa céleste Bienfaitrice. Nous l'y vîmes dans la mémorable journée du second
jour de la Pentecôte. Le brave ouvrier priait ardemment devant la grotte pendant que les Xavériens rendaient gloire à
Marie. Mgr Faict, évêque de Bruges, qui lui avait parlé,
l'avait signalé à l'attention de Mgr l'évêque de Gand ; celui-
ci vint causer avec le pieux chrétien après la cérémonie.
Pierre raconta tout avec la plus grande simplicité ; il avait
toujours sur les lèvres le doux nom de Marie, et l'Evêque
ému lui dit en finissant : « Mon ami, vous pouvez raconter
partout les bontés de la Très-Sainte Vierge à votre égard. »

Telle fut l'admirable guérison dont nous avons appris les
détails de la bouche de l'ouvrier même si plein de foi,
lorsque le vendredi 16 avril, nous allâmes l'interroger dans
sa maison en compagnie des ecclésiastiques de sa paroisse.
Toutes ces circonstances, il les maintint invariablement, malgré les objections qu'on lui fit à Oostakker, surtout les 16 et
17 mai de l'année 1875.

Nous faisons suivre les témoignages qu'on nous envoya par
rapport à la guérison de Pierre De Rudder. Nous n'avons
pas d'attestations de médecins ; les paroles du docteur Affenaere d'Oudenberg sont plus que satisfaisantes. Voici la première déclaration :

« Les soussignés déclarent avoir vu *le 6 avril* 1875 la
« jambe fracturée de Pierre De Rudder ; le tibia était telle-
« ment rompu que les deux parties de l'os perçaient la peau
« et étaient séparées par une plaie suppurante sur une lon-
« gueur de trois centimètres ; nous déclarons également que
« le susdit De Rudder est revenu le 7 avril de son pèlerinage
« de N.-D. de Lourdes à Oostakker, parfaitement guéri, de
« manière que le tibia est réuni, que la plaie a disparu, et
« que l'homme peut marcher, se tenir debout et travailler

« aussi bien qu'avant son accident. »

Signé : Jules Van Hooren, Ed. Van Hooren, Marie Wittezaele,
qui vit aussi la jambe le 5 avril.

Jabbeke, 27 avril 1875.

Le rapport suivant fut signé par les autorités ecclésiastiques et civiles de Jabbeke, et par plusieurs notables.

« Nous, soussignés, paroissiens de Jabbeke, déclarons que
« le tibia de Pierre-Jacques De Rudder, né et domicilié ici,
« âgé de 52 ans, était tellement brisé par la chute d'un arbre
« le 16 février 1867, qu'après avoir épuisé les ressources
« de la chirurgie, il fut abandonné et déclaré incurable par
« les hommes de l'art, et regardé pour tel par tous ceux
« qui le connaissaient ; qu'il a invoqué N.-D. de Lourdes,
« vénérée à Oostakker, et est revenu chez lui tout guéri et
« sans béquilles ; de sorte qu'il peut, comme avant l'accident,
« se livrer à tous les travaux. Nous déclarons que cette gué-
« rison subite et admirable a eu lieu le 7 avril 1875. »

Signé : L. Slock, curé ; Aug. Rommelaere, vicaire ; d'Hoedt,
bourgmestre ; Aug. Stubbe, échevin ; P. Maene, échevin ;
C. Sanders, président de la fabrique d'église ; Ch. de
Cloedt, membre du conseil communal et marguillier ; F.
Demonie, trésorier de l'église ; J. Callewaert, clerc ; P.
de Lorge, J. de Simpel, conseiller communal ; L. Boutin-
Peerloot ; vicomte C. du Bus de Gisignies, sénateur.

(Sceau de la commune.)

Jabbeke, 15 avril 1875.

Cette guérison popularisa le culte de N.-D. de Lourdes dans le diocèse de Bruges ; on ne se contenta pas de placer dans les familles et d'invoquer l'image de la Vierge immaculée ; des pèlerinages furent organisés pour venir l'honorer dans le sanctuaire d'Oostakker. »

Ainsi se termine le récit de M. l'abbé Emile Scheerlinck.

Le sceau notarial.

Mais il y a un notaire à Oostakker, et un notaire, dans une commune rurale surtout, compte généralement parmi les plus notables habitants. Pourquoi donc n'avait-il pas ajouté sa signature à celles qui sont relatées plus haut ? Nous n'avons ni à examiner ni à résoudre cette question. Tout ce qui peut et doit nous intéresser, c'est de savoir s'il admettait le fait de la guérison de Pierre de Rudder et comment il l'appréciait.

Au retour d'un voyage en Belgique, dont il sera parlé tout à l'heure, nous prîmes la liberté d'écrire à cet honorable fonctionnaire, en le priant de nous dire son sentiment, quel qu'il fût. Nous poussâmes même l'audace jusqu'à lui demander de vouloir bien donner à sa réponse tous les caractères d'authenticité possibles.

Notre désir fut satisfait.

Voici donc cette réponse :

Jabbeke, le 12 octobre 1876.

Monsieur le Chanoine,

En réponse à votre honorée lettre du 10 de ce mois, je m'empresse de vous certifier par les présentes que le récit fait, dans l'ouvrage de M. l'abbé Emile Scheerlinck, de la guérison miraculeuse de Pierre De Rudder par l'intercession de Notre-Dame de Lourdes à Oostakker-lès-Gand (Belgique), est en tous points conforme à la vérité et qu'il n'y a rien d'exagéré là-dedans. Je suis prêt, comme du reste presque tous les habitants de la commune, à attester cela partout où besoin sera.

Pour moi personnellement, je ne doute aucunement

que ce brave et honnête ouvrier n'ait été guéri miracu-leusement, et je suis convaincu que la guérison de sa jambe, fracturée depuis huit ans, était complètement impossible par les moyens naturels de l'art.

Je pense bien, Monsieur le Chanoine, que ces quelques lignes vous suffiront, et je vous autorise à en faire tous les usages que bon vous semblera, et, pour preuve de leur sincérité, je les ai scellées avec le sceau notarial.

Agréez, entre temps, Monsieur le Chanoine, l'assurance de ma considération distinguée.

DELANGHE,
Notaire.

Place
du sceau.

M. Le Couvreur, Chanoine honoraire, Curé de Saint-Lau-rent, à Bayeux.

(Calvados). France.

Ah ! Monsieur le notaire, vous croyez à la possibilité des miracles ! Très-bien ! cette possibilité est un dogme de notre foi. De plus, un fait que vous réputez pleinement miraculeux est arrivé dans votre village, arrivé de votre temps. Pour le découvrir et vous en convaincre, vous n'avez pas été obligé de fouiller dans la longue histoire des siècles. M. Renan, académicien cependant, n'a pas eu tant de chance ! Malgré de profondes recherches, sans doute, il n'a jamais pu cons-tater un seul miracle ! Autrement, parlerait-il comme il le fait dans la préface de sa *Vie de Jésus ?* « *Si le miracle a quelque réalité, mon livre est un tissu d'erreurs.* » — Sur cette donnée, Monsieur le notaire, nous sommes, n'est-ce pas ? en état de conclure.

Le défi.

Dans son numéro du 13 octobre, même année (1876), M. le Directeur de *l'Ordre et la Liberté* voulait bien ouvrir ses colonnes à une lettre de nous, contenant, entre autres choses, ce qui suit :

. . . .

J'affirme la guérison instantanée, complète, par l'intercession de Notre-Dame de Lourdes au pèlerinage d'Oostakker, près de Gand (Belgique), le 7 avril 1875, de Pierre De Rudder, ouvrier de Jabbeke (première station sur la ligne de Bruges à Ostende), dont la jambe droite, cassée le 16 février 1867, n'avait pu être remise par six médecins qui s'y étaient employés.

Je verserai une somme de 500 francs pour frais de voyage et indemnité de déplacement, au premier qui s'étant transporté sur les lieux, rapportera avec bonne preuve à l'appui, un démenti au fait que j'allègue, et que, avec une entière soumission d'ailleurs à l'autorité ecclésiastique, je regarde personnellement comme tout à fait miraculeux.

Tout en croyant à la réalité de ce fait, et tout juste parce que j'y croyais (ma philosophie admet le témoignage comme moyen de certitude), j'ai voulu voir de mes yeux le prodige accompli, toucher de mes mains cette jambe guérie par la compatissante bonté de la Très Sainte-Vierge. J'ai eu ce bonheur le 23 du mois dernier. A cette date, vingt-un médecins, au dire de l'ex-infirme, étaient déjà venus le visiter depuis sa guérison.

. . . .

Nos prévisions ne furent pas trompées. Personne ne se présenta, et aucun *Journal de Caen* ni d'ailleurs ne fit la moindre réplique..... Ah ! c'est que peut-être la proposition de 500 francs était trop modeste ; eh bien ! sans rien changer d'ailleurs à nos conditions , s'il se présente un homme bien avide d'autre chose que de la vérité, nous traiterons avec lui de gré à gré pour une somme supérieure. -- *Mais, y pensez-vous, Monsieur le Curé!*... — Ne craignez pas, bienveillants lecteurs, nous sommes ferme sur nos étriers et nous ne risquons, comme la première fois, que de trouver..... personne.

Ajoutons que Mgr de Bruges n'a pas prononcé de jugement canonique sur le surnaturel de la guérison de Pierre De Rudder. Mais nous avons vu que, dans l'approbation donnée à l'auteur dont nous venons de copier le récit, Sa Grandeur le complimente sur l'*exactitude* mise dans le récit des quatre guérisons obtenues par ses diocésains.

Nous avons d'ailleurs en main la preuve que Mgr de Bruges voit dans la guérison de Pierre De Rudder un miracle de premier ordre.

———

Dans l'après-midi même du jour (23 septembre 1876) où nous avions vu à Jabbeke Pierre de Rudder , nous allions à Thourout pour visiter Madame Nevejan. Elle voulait bien nous recevoir et nous présenter son cher petit Louis, le pieux enfant dont le rôle nous apparaîtra si touchant dans le récit de la guérison de sa mère, extrait comme le précédent de l'ouvrage de M. Emile Scheerlinck : *Lourdes en Flandre.*

GUÉRISON

DE

MADAME NEVEJAN-BAERT.

—

Les Médecins.
La Prière de l'Enfant.

A Thourout, vivait dans le bonheur la famille de M. le docteur Nevejan et de Joséphine Baert, née à Pittem. Dieu avait béni l'union des jeunes époux, et trois enfants, purs et beaux comme des anges, étaient venus faire rayonner la joie et la vie autour du foyer domestique. Mais hélas ! un coup cruel allait frapper, et c'est sur l'âme de la famille, sur la jeune mère, qu'il s'appesantit.

Elle entrait dans sa 29me année quand elle fut atteinte de maux violents d'estomac, suivis de crampes et de douleurs de tête. Nous ne nous arrêterons pas à signaler les diverses phases de cette maladie, puisqu'elle n'était rien en comparaison de celle qui suivit.

Après avoir, durant une année, enduré les plus vives souffrances, Madame Nevejan, se promenant dans son jardin le 9 septembre 1871, fut tout d'un coup frappée de cécité complète. On espéra d'abord que le mal serait passager, mais, hélas ! il persista, et déjoua tous les remèdes employés par son époux et par son beau-père, docteur à Eesen. — On consulta beaucoup de médecins, et des plus renommés en Belgique et en Allemagne. Le fameux oculiste de Gand, M. Libbrecht, donna à l'aveugle ses soins intelligents et assidus ; il vint la voir jusqu'à 52 fois. Tout fut inutile. La jeune épouse paraissait condamnée à une cécité perpétuelle. Ses yeux étaient largement ouverts, la prunelle se mouvait et les paupières pouvaient se lever, mais l'œil était comme mort et inaccessible à la lumière du jour ; une chandelle allumée, très-rapprochée de l'œil, ne provoquait pas le moindre mouvement des paupières.

La dame si cruellement éprouvée n'oublia pas Dieu dans son malheur ; adorant la main qui la frappait, elle invoquait l'infinie miséricorde et mettait toute sa confiance dans l'intercession de Marie. Depuis la date fatale du 9 septembre 1874, elle priait tous les jours N.-D. de Lourdes, lavait ses yeux éteints avec l'eau de la fontaine miraculeuse et faisait prier ses enfants pour sa guérison. Ses anciennes infirmités revinrent et la clouèrent sur un lit de souffrances. La mort ne pouvait tarder. Madame Nevejan reçut le saint Viatique, et le médecin assura que l'heure fatale approchait rapidement, qu'en tous cas la guérison était impossible. Mais la confiance de la malade croissait avec ses maux. Déjà trois mois auparavant elle avait voulu se rendre au sanctuaire d'Oostakker ; les appréhensions de son mari l'en avaient empêchée. Pour satisfaire en partie son désir, une députation partit pour Oostakker, composée de ses sœurs, de sa belle-sœur et d'une nièce ; on revint sans résultat, et l'aveugle se contenta de dire : « Je l'ai bien prédit ; cela n'ira pas, tant que je n'accompagnerai pas moi-même. »

Il y avait toutefois des moments où Madame Nevejan sentait son courage faiblir. Rien d'étonnant ; elle soupirait après sa guérison, elle savait que son époux souffrait cruellement, elle entendait ses enfants déplorer le triste sort de leur mère ; et rien, rien ne présageait la moindre amélioration. « Ah ! s'écria-t-elle pendant le carême précédent, si je pouvais du moins voir une fois mes enfants ! » — « Ne voyez-vous donc absolument pas ? » lui demanda le doyen. « Non, s'écria-t-elle avec douleur, je ne distingue pas même le grand jour des ténèbres de la nuit. »

Le beau mois de mai vint ranimer un peu l'espoir de la pauvre dame. Pleine de confiance, elle se rendait chaque jour à l'église, et le soir elle se prosternait, avec son cher petit Louis, devant une image de Marie, qui était exposée et parée dans son appartement pendant le mois de mai. Bienheureux enfant! votre candeur et votre innocence, votre tendresse filiale et ardente ont ému le cœur de Marie, et cette divine Mère a imploré de son fils Jésus la guérison de votre mère !

L'état de sa mère affligeait extrêmement l'enfant; il s'ingéniait à la consoler, il était son guide dans ses promenades; mais il désirait davantage. Un jour, Louis revint tout joyeux à la maison ; on lui avait dit à l'école que le Curé d'Eesen (près Dixmude) avait rapporté de Lourdes une statue de la Vierge immaculée. Il le raconta à sa mère en disant: « Maman, si nous allons à Eesen, N.-D. vous rendra la vue. » Il insista, et sa mère était émue. Ils allèrent donc à Eesen, virent d'abord leurs parents demeurant dans ce village et visitèrent l'église. Le petit Louis arriva le premier et se prosterna devant la statue de l'Immaculée Conception. Les supplications furent ardentes; on entendait l'enfant disant à haute voix: « O N.-D., rendez la vue à maman »; le pauvre enfant pleurait et tendait à Marie ses mains suppliantes. Tout le monde était attendri, et le Curé de la paroisse dit : « Madame, quand vous irez à Oostakker, il faut emmener Louis, car il obtiendra votre guérison. » Parole que l'on pourrait dire prophétique et dont nous verrons bientôt l'accomplissement.

Le pèlerinage d'Oostakker fut résolu, et l'aveugle eut je ne sais quel pressentiment de sa guérison prochaine.

Le lundi 10 mai, le très-révérend Chanoine De Brabander,

Curé-Doyen de Thourout, revenant de Gand, fit une visite à
Madame Nevejan. Il avait appris les merveilles d'Oostakker
et voulut, par le récit des étonnantes guérisons qui s'y étaient
opérées, encourager cette pauvre dame. A son arrivée, elle
se promenait dans son jardin appuyée sur le bras de l'insti-
tutrice de Thourout ; elle entendit avec bonheur les paroles
de consolation du Doyen, et assura qu'elle avait grande confiance depuis qu'on lui avait lu dans l'Evangile l'histoire des
deux aveugles à qui le Sauveur avait rendu la vue.

Ce fut le jeudi 13 mai 1875 qu'on choisit pour le pèlerinage à N.-D. de Lourdes vénérée à Oostakker. Monsieur Nevejan s'opposa énergiquement à ce dessein, et il y eut un
instant où il le rejeta avec indignation ; l'état désespéré de
son épouse lui arrachait cette désapprobation ; en médecin,
il jugeait que ce voyage lui devait être fatal. La malade fut
inébranlable. Elle partit donc le matin, à 6 heures 10 minutes, accompagnée de sa belle-mère Madame Nevejan d'Eesen,
de sa sœur Marie, épouse de M. Nevejan d'Aartryke, de son
jeune fils Louis et de deux fils de sa sœur Marie. Les six
pèlerins, arrivés à Gand, louèrent une voiture *à l'heure* et
descendirent devant l'image vénérée de la grotte à Oostakker.
Madame Nevejan était très-fatiguée et souffrait beaucoup de
la tête. Le petit Louis fut le premier aux pieds de la Sainte
Vierge ; on commença à prier avec une grande ferveur et
chacun était touché en voyant la piété de cet enfant de six
ans. Ses yeux étaient ardemment fixés sur l'image, et toutes
ses prières finissaient par le cri de détresse: « N.-D. de
Lourdes, rendez la vue à maman ; » puis se tournant vers
sa mère : « Maman, disait-il, ne voyez vous pas encore ? »
Sur la réponse négative, il se remettait à prier: « N.-D. de
Lourdes, rendez la vue à maman. » Et d'une voix vibrante
d'espoir, mais où perçait je ne sais quel léger ton d'impa-

tience, il demanda bien vingt fois : « Maman, vous ne voyez pas encore? » « Non, mon fils, répondait la mère attendrie, mais prions. »

Ils priaient déjà depuis une heure. Le délai convenu était écoulé, et le cocher s'impatientait. Les prières et les supplications redoublent. « Marie, dit l'aveugle à sa sœur, je souffre tant de la tête. » « C'est peut-être le moment de la guérison: Joséphine, ayez courage. » On continua de prier, mais l'heure de la délivrance ne semblait pas venue. Avant de se retirer, les pèlerins firent encore une fois le tour de la grotte et s'arrêtèrent devant l'image. Madame Nevejan prit de l'eau bénite du sein du vase où l'on plongea sa main, et faisant le signe de la croix : « O N.-D., dit-elle, me laisserez-vous retourner comme je suis venue? » « O Vierge immaculée de Lourdes, soupira sa sœur, guérissez-la donc; il y en a tant qui se convertiront et qui croiront à la suite de cette guérison. » ..... On allait partir. « Plongez mon mouchoir dans l'eau de la grotte, dit Madame Nevejan, afin que je m'en lave les yeux. » Sa sœur Marie fit ce qu'elle demandait. Madame Nevejan passa doucement son mouchoir sur les yeux comme pour essuyer des larmes. Il lui semble qu'elle est soulagée d'un lourd fardeau; elle éprouve une sensation extraordinaire. Ciel! Madame Nevejan voit son mouchoir blanc, elle voit l'image de Marie, elle voit et distingue nettement! .....
« O Marie, s'écria-t-elle, je vous remercie, je suis guérie! » L'heureuse femme se met les deux mains devant les yeux, et reste dans cette attitude pendant dix minutes, comme si elle voulait retenir sa vue; et elle répétait: « Je suis guérie, je suis guérie! » A ce moment solennel la belle mère s'approche: « Joséphine, dit-elle, es-tu vraiment guérie? » « Oui, Marie m'a guérie! » fut la réponse. Le petit Louis était comme ébahi; il s'approche de sa mère bienheureuse, qui

tenait toujours les mains devant ses yeux : « Maman, êtes-vous guérie ? » — « Oui, mon fils ; » et Louis ne pouvant plus contenir son amour et sa joie saute au cou de sa mère en criant : « O maman, que je suis heureux ! j'ai tant prié pour votre guérison! » La mère et le fils pleuraient à grosses larmes ; tous les pèlerins accourus étaient transportés d'admiration et célébraient les bontés de Marie.

Mue par la reconnaissance et pour donner un témoignage de son entière guérison, Madame Nevejan lut les litanies de la Sainte Vierge dans un livre de prières que lui présenta un pèlerin et se rendit ensuite au château pour y raconter le bienfait qu'elle venait d'obtenir. Avant de retourner à Gand, elle voulut encore une fois remercier sa Bienfaitrice et revint à la grotte. Au bout des allées du château elle vit une mendiante aveugle, et en lui donnant une aumône, elle lui dit d'implorer aussi de N.-D de Lourdes la guérison de sa cécité.

Arrivée à Gand, elle se rendit tout droit à l'Institut ophthalmique des Sœurs de la Sainte Enfance, où le célèbre oculiste, M. Libbrecht, prodigue ses soins dévoués aux malades. Il était absent, et à son retour ce fut Madame Nevejan elle-même qui ouvrit la porte. Le médecin, qui l'avait vue le samedi précédent, fut étonné au point qu'il ne la reconnut pas au premier moment. « Est-ce vous, Madame! » s'écria-t-il. « Oui, Monsieur, et je suis complétement guérie. » — « Comment! est-ce possible ? Votre cécité, vos douleurs d'estomac et de tête? » — Tout a disparu. Je viens d'Oostakker, et N.-D., ne voulant pas faire les choses à demi, m'a totalement guérie. » — « C'est une chose merveilleuse, s'écria le médecin ; oui, c'est extraordinaire et consolant. » Il pria Madame Nevejan de lire de petits caractères d'impression et les inscriptions de la pharmacie, ce qu'elle fit sans la moindre peine. Il n'est donc pas surprenant que quelques jours après, M. Libbrecht, por-

tant un toast à cette dame guérie en présence de toute sa famille, osât dire qu'elle avait été guérie d'une manière admirable et surnaturelle.

Madame Nevejan se rendit ensuite au bureau du télégraphe
afin d'annoncer son heureuse guérison. N'osant pas envoyer
la nouvelle directement à son mari dans la crainte d'une
émotion trop vive, elle envoya vers 10 heures 1/2 au
révérend doyen le télégramme suivant : « Monsieur le Doyen,
Thourout. Veuillez avertir Modeste (son mari). Je suis guérie
subitement à Oostakker. Annoncez-le aussi à Henri (le beau-
frère). Nous reviendrons par le train de 7 heures. — Madame Nevejan. » — Elle envoya d'autres télégrammes à des
parents et amis. Personne ne saurait se faire une idée de la
joie de cette famille si cruellement éprouvée, lorsque parvint
l'heureuse nouvelle. Son beau-père, le docteur Nevejan, était
ravi et arrosait de ses larmes le télégramme qu'il venait de
recevoir. Il avait de la peine à parler et ne savait comment
exalter la bonté et la puissance de Marie.

Une autre surprise attendait l'heureuse dame. Son mari
averti de l'événement, monta au train à la gare de Zedel-
gem. Qu'on juge du bonheur des deux époux. Des larmes
d'attendrissement et des félicitations entrecoupées se mêlaient
à leurs transports de reconnaissance envers Marie.

Il était 7 heures quand le train entra dans la gare de
Thourout. Une foule innombrable attendait les pèlerins, chacun voulait constater par soi-même le fait prodigieux. Les
pèlerins et l'heureux époux descendirent du train ; Madame
Nevejan marche la première, et se rend directement à la
maison, en envoyant des signes d'amitié aux personnes qu'elle
voit dans le jardin à 50 mètres de distance.

Elle entre, on la félicite de toutes parts ; mais voici qu'elle
aperçoit la servante portant sur le bras son plus jeune en-

fant. Le petit Ferdinand était tout frêle quand sa mère devint aveugle ; il était pâle, amaigri et menaçait de s'éteindre bientôt, et aujourd'hui elle le revoit florissant de santé. Elle vole vers lui, le saisit des bras de la servante, le couvre de tendres baisers et le presse ardemment sur son cœur maternel. A ce spectacle, son mari n'y tient plus ; il s'écrie en pleurant et levant les mains au Ciel : « O mon Dieu, je crois ; ô mon Dieu, je crois ! »

Des amis, en grand nombre, accoururent pour prendre part au bonheur de la famille ; tous bénissaient la bonté de Marie. Mais bientôt la cloche appela les fidèles à l'église pour le pieux exercice du mois de Mai. Madame Nevejan, qui allait tous les jours avec son petit Louis vénérer la T.-S. Vierge, voulut se rendre alors à l'église en action de grâces : elle se plaça avec son époux devant l'image de Marie.

Un salut solennel fut chanté ; le Rév. Doyen fit une allocution remarquable, non pour expliquer la vertu de l'eau de Lourdes, comme le prétend un journal médical : *Le Scalpel*, feuille hebdomadaire, dans son numéro du 30 mai 1875, mais pour stimuler la confiance et la reconnaissance envers Marie dans la religieuse population de Thourout. Le *Te Deum* retentit majestueusement sous les voûtes de l'église gothique, pendant que les trois cloches envoyaient au ciel leurs joyeuses volées. Thourout était en fête et participait au bonheur de la famille Nevejan.

Notre premier soin, après avoir recueilli les circonstances de cet événement, fut de soumettre notre pâle compte-rendu à l'approbation des personnes citées dans le récit de la guérison. Notre rapport nous fut renvoyé avec les signatures suivantes :

Femme M. NEVEJAN-BAERT.

L. J. NEVEJAN-SYOEN, docteur à Eesen;

C. BAERT ; E. NEVEJAN ; E. BAERT.

Et le mari, comme pour donner plus de valeur à notre humble récit, mit en dessous de la relation les paroles suivantes : « Je déclare que mon épouse, étant aveugle et délaissée de plusieurs médecins, est revenue d'Oostakker entièrement guérie. »

Dr M. Nevejan-Baert.

Cette guérison si belle et si touchante fut confirmée par la déclaration suivante :

« Nous, soussignés, déclarons que nous avons longtemps
« connu Madame Nevejan étant aveugle, et l'avons vue reve-
« nir un jour entièrement guérie d'Oostakker, après un pè-
« lerinage à N.-D. de Lourdes. »

Signé : P. De Brabander, chanoine et curé-doyen ;
Soenens Firmin ; E. Verhelst ; Th.Delie, vic.

Thourout, 5 juillet 1875.

Le *Scalpel*, dans son numéro ci-dessus mentionné, contenait une lettre d'un de ses correspondants. Nous la trouvons citée par notre auteur, et nous la reproduisons textuellement et presque en entier.

18 mai 1875.

Monsieur le rédacteur en chef du Scalpel,

Je vais vous signaler un nouveau miracle qui vient de s'accomplir avec un certain éclat aux portes mêmes de la ville de Gand. Cette cure merveilleuse a été opérée par l'intervention de N.-D. de Lourdes (Oostakker), qui, en cette occasion, a joué un mauvais tour à un oculiste de Gand, très en renom, et produit sur notre population une très grande impression. Ne souriez pas, mon cher Rédacteur : je ne me propose pas de vous conter une histoire de moines ou de béguines, mais bien une guérison authenti-

que, *miraculeuse*, *d'une jeune et jolie dame , la charmante épouse d'un de nos confrères , médecin à Thourout (Fl. occid.). J'avoue que ces miracles, dans une famille de médecins, sont rares. Madame N. a perdu la vue il y a 7 à 8 mois, à la suite d'émotions vives, dit-on (1), et les médecins spécialistes et autres, qui lui ont donné des soins, ont vu tous leurs efforts échouer devant l'opiniâtreté du mal, que quelques-uns d'entre eux ont déclaré incurable. En conséquence, la malade, n'ayant plus aucun secours à attendre des hommes, s'est adressée à la Vierge d'Oostakker, qui, après une courte prière faite par Madame N., lui a subitement rendu la vue, les yeux ayant été lavés avec l'eau puisée à la grotte que Madame de Courtebourne vient d'y faire construire. Aussitôt que ce prodige a été connu, des dépêches télégraphiques en ont porté la nouvelle à Thourout, et la miraculée a été reçue à la gare par une population enthousiasmée, que l'on avait eu soin de prévenir de l'heure de son retour.*

. . . .

Un de vos plus anciens abonnés.

X***.

Eh bien, chers lecteurs, avez-vous quelques objections à faire pour détruire ou rendre douteuse la merveille de cette guérison? Le docteur Libbrecht n'en faisait pas, lorsqu'il reconnaissait, comme nous l'avons vu, que Madame Nevejan avait été guérie d'une manière *admirable et surnaturelle*. Et la compétence de ce célèbre spécialiste n'est pas à mépriser. L'heureux époux n'en faisait pas, lorsqu'il s'écriait, les larmes aux yeux et la joie au cœur:

Mon Dieu, je crois ; mon Dieu, je crois !

---

(1) Madame Nevejan ne devint pas aveugle à la suite de simples émotions; le « on dit » contient donc une mauvaise insinuation.

Voilà l'une des fins que Dieu se propose en dérogeant, dans des cas exceptionnels, aux lois de la nature :

Provoquer, ressusciter ou ranimer la foi.

Des miracles ! A toutes les époques de l'histoire de l'Eglise, il y en a eu et il y en aura. N'est-ce pas sur des miracles que se motivent les béatifications et les canonisations prononcées par les Souverains Pontifes, après des enquêtes quasi interminables et si rigoureusement scrupuleuses ?

Lisez donc, pour vous en convaincre, le 5ᵉ volume des *Splendeurs de la Foi*, par le savant abbé Moigno, chanoine de Saint-Denis. Cet énorme volume a pour titre particulier : *Le miracle au tribunal de la science avec les pièces du procès de béatification de saint Benoit-Joseph Labre*, et peut s'acquérir séparément (in-8ᵒ, de 900 pages et plus, chez Blériot, 55, quai des Grands-Augustins).

Les miracles, c'est le sceau divin mis par N. S. J.-C. à la mission universelle d'enseignement qu'il a donnée à la vraie Eglise, et il ne s'en opère pas en dehors de l'action de celle-ci. Les apôtres, est-il dit dans l'Evangile, prêchèrent partout, et le Seigneur coopérait et confirmait leurs discours par les prodiges qui les accompagnaient. Si, avec le temps, ce que nous appelons plus particulièrement miracle est devenu moins fréquent qu'aux premiers siècles de l'Eglise, c'est que nous avons maintenant sous les yeux un miracle d'un autre genre et toujours subsistant, l'accomplissement d'une multitude de prophéties contenues dans la sainte Ecriture et surtout dans l'Evangile.

Encore faut-il dire que de nos jours il y a comme recrudescence de faits que, en réservant le jugement des supérieurs ecclésiastiques, on peut raisonnablement croire miraculeux et qui sont parfaitement bien constatés. Ajoutons que la plupart sont attribués à l'intercession de la très-sainte Vierge, envers laquelle il semble que son divin Fils veuille de plus en plus exciter notre confiance et notre amour.

Ni chez les luthériens, ni chez les calvinistes, ni chez les autres hérétiques ou schismatiques, on ne retrouve le privilège absolument divin du miracle. Dieu, en effet, ne peut permettre la réalisation de prodiges qui seraient le triomphe de l'erreur. Aussi, avons-nous entendu un Ministre anglican, répéter avec simplicité et une grande apparence de bonne foi, ce propos qui sort quelquefois même de la bouche de certains catholiques peu sérieux : le temps des miracles est passé..... Ah ! oui, pauvres frères séparés ! Pour vous, le temps des miracles est passé, ou plutôt, chez vous, il n'a jamais existé !

Mais, comme il existe toujours dans le sein de l'Eglise catholique romaine, ainsi que vous pourriez si facilement vous en convaincre, est-ce que cela ne devrait pas vous porter à réfléchir, et, après avoir réfléchi, à conclure et à prendre un parti généreux en foulant aux pieds les considérations humaines et les intérêts du temps ?

M. Thayer, ministre presbytérien à Boston, se trouvait à Rome quand y mourut, le 16 avril 1783, saint Benoît-Joseph Labre, récemment canonisé. Il fut si frappé des miracles qui s'opérèrent par centaines, dus à l'invocation du pauvre et héroïque pèlerin, qu'il se convertit, et, après avoir reçu la prêtrise, il retourna prêcher la vérité dans le lieu même où il avait enseigné l'erreur.

Bayeux, le 24 mai 1883.

C. LE COUVREUR,
Ch. hon., Curé de St-Laurent.

RENSEIGNEMENTS

SUR LE PÈLERINAGE DU LAUS

près Gap (Hautes-Alpes)

Beaucoup de personnes qui font le pèlerinage de la Salette pourraient, sans difficulté, en faire un autre tout-a-fait à leur portée. Nous voulons parler du pèlerinage du Laus, près de Gap, le plus admirable, par les merveilles de son origine, de tous ceux qui existent en France en l'honneur de la Très-Sainte Vierge. La voyante, elle aussi pauvre bergère, Benoîte Rencurel, morte en 1718, dans sa 72ᵉ année, et déclarée vénérable le 7 septembre 1871, a joui pendant plus d'un demi-siècle des apparitions de la Mère de Dieu. Sa vie, d'ailleurs, est un tissu de prodiges les plus extraordinaires et les mieux constatés, puisque l'on possède quatre mémoires d'auteurs, ses contemporains et témoins des faits.

Parmi les images de la Très-Sainte Vierge couronnées en France au nom du Souverain-Pontife, celle du Laus est *la troisième* (22 mai 1855). Elle vient après celle de Notre-Dame des Victoires (9 juillet 1853) et celle de Roc-Amadour (8 septembre 1853).

Pour faire le pèlerinage du Laus avec celui de la Salette, le mieux est, quand on doit passer par Grenoble, de continuer le trajet jusqu'à Gap. De Gap au Laus, il y a deux lieues environ, si l'on a la volonté et la force de parcourir cette distance à pied ; autrement quatre lieues, parce que, en

voiture, il faut contourner une montagne... Une journée suf-
fit rigoureusement pour faire ce voyage.

La gare de la Bâtie-Neuve, plus rapprochée du Laus que
celle de Gap, ne présenterait peut-être pas plus d'avantages,
parce que les voitures, — et les hôtels, s'il fallait coucher, —
seraient moins nombreux. D'ailleurs, le parcours, si on voulait le faire à pied, ne serait guère moins long que de Gap.

De retour à Gap, on trouve le service de la poste qui
prend des voyageurs pour Corps. Le trajet est beaucoup
plus court pour se rendre là, de Gap, que pour s'y rendre en
partant de Grenoble ; il est par conséquent moins fatigant.
De Corps, on monte à la Salette.

Son Eminence le cardinal Guibert, archevêque de Paris, a
été, dans sa jeunesse sacerdotale, supérieur des missionnaires du Laus. Le 21 août 1877, il a voulu visiter de nouveau ce sanctuaire demeuré cher à son cœur.

Le R. P. Eimard, fondateur de la Congrégation des prêtres
du Très-Saint Sacrement, pendant un pèlerinage qu'il fit au
Laus, à l'âge de 12 ans, y reçut des grâces signalées qui
furent pour lui comme un premier appel à une éminente
perfection. Devenu vieux et infirme, il se mit en chemin pour
aller remercier Notre-Dame du Laus de ses bontés mater-
nelles, et, dans le trajet, arrivé près de son lieu natal, il fut
frappé de la maladie qui l'emporta.

Mgr Irénée Depéry, évêque de Gap, sur la demande duquel
le Souverain Pontife Pie IX a daigné accorder le couronne-
ment de Notre-Dame du Laus, a voulu être inhumé dans la
chapelle du pèlerinage, près du sanctuaire dans lequel ont
été déposés les restes de la Vénérable Benoîte Rencurel.

www.ingramcontent.com/pod-product-compliance
Lightning Source LLC
Chambersburg PA
CBHW061126050726
47594CB00005B/2113